Bärbel Spathelf – Susanne Szesny

# Der Kleine Umweltschreck

oder Wie man ganz einfach
Energie und Wasser sparen kann

albarello

Katharina und ihr Bruder Philip spielen in ihrem Sandkasten und dazu brauchen sie viel Wasser. Katharina füllt gerade wieder eine große Gießkanne mit Wasser und dreht den Wasserhahn voll auf. Das Wasser spritzt nach allen Seiten.
„Super!“, kichert eine Stimme.
Katharina dreht sich um, kann aber nichts entdecken.
Die Gießkanne ist jetzt voll. Das Wasser läuft immer noch und sie schleppt die Kanne zum Sandkasten.
„Super, klasse!“, kichert da wieder die Stimme.
Katharina dreht sich erschrocken um.
„Noch stärker aufdrehen und einfach laufen lassen!“, sagt ein dicker, kleiner Wicht und springt aufgeregt hin und her.
Philip ist neugierig dazugekommen.
„Das ist toll!“, freut sich der kleine Wicht. „So viel Wasserverschwendung. Einfach himmlisch!“, ruft er und hält den Schlauch in die Luft.
Katharina hat sich von ihrem Schreck erholt und schaut ihn neugierig an.
„Was bist du denn für ein komischer Kerl?“, fragt sie.
„Ich bin der kleine Umweltschreck!“, sagt der Kleine und schlägt sich stolz auf die Brust. „Ich freue mich, wenn immer viel Wasser fließt, das Licht immer und überall brennt und möglichst viel Energie verschwendet wird.“
„Ha! Hier steckst du also!“, hören die Kinder plötzlich eine andere Stimme.

Die Stimme gehört zu einem zarten Wesen, das schnell den Wasserhahn zudreht.
Der Umweltschreck wird blass und verschwindet nach einiger Zeit.
„Wo ist der komische Kerl denn?“, fragt Philip verwirrt. „Und wer bist du?“
„Ich bin die kleine grüne Fee“, stellt sich das Wesen vor. „Ich bin immer hinter dem gemeinen Umweltschreck her, damit er nicht so viel Unsinn anstellt.“
„Aber er hat doch gar nichts gemacht“, meldet sich Katharina zu Wort.
„Wenn es nach ihm ginge, würde das Wasser ohne Ende weiterlaufen“, empört sich die Fee.
„Aber was ist denn so schlimm daran?“, fragt Philip und zuckt mit den Schultern.
„Wasser ist ein wertvoller Stoff. Das wissen vor allem die Menschen, die zu wenig sauberes Trinkwasser haben“, sagt die Fee.
„Wasser kommt doch einfach aus dem Wasserhahn“, sagt Katharina.
„Dazu muss erst einmal sauberes Wasser von tief unten aus dem Grundwasser heraufgepumpt werden“, erklärt die kleine Fee. „In anderen Gebieten muss Wasser aus Flüssen oder Seen verwendet werden. Und bevor daraus Trinkwasser wird, muss es aufwändig gereinigt werden. Das ist teuer und man braucht dazu viel Energie.“
„Echt!“, staunt Katharina. „Das wusste ich gar nicht.“
Die Fee nickt. „Deswegen sollt ihr das Wasser nicht verschwenden“, sagt sie.
„Da hast du wohl recht“, stimmt Katharina ihr zu. „Sag mal – wo ist denn der Umweltschreck nun hin?“
„Er taucht immer dort auf, wo Energie verschwendet wird“, erklärt die Fee.
„Je mehr verschwendet wird, desto größer und stärker wird er. Ich versuche, ihn zu vertreiben. Und dabei könnt ihr mir helfen.“
„Wir helfen dir gerne“, sagt Philip begeistert.
„Aber – wo könnte er stecken?“, fragt Katharina ratlos.
„Ich hab da schon eine Idee, lasst uns mal im Haus nachsehen!“, ruft die Fee und schwebt voran.

„Wir schauen am besten mal im Badezimmer nach", überlegt die kleine grüne Fee. „Dort wird nämlich das meiste Wasser verbraucht."
„Dann wasch ich mir einfach nicht mehr die Hände", meint Philip grinsend.
„Das ist keine gute Idee!", sagt die kleine grüne Fee. „Wenn ihr aber das Wasser nach dem Händewaschen auch wieder abstellt und beim Zähneputzen das Wasser nicht laufen lasst, sondern einen Zahnputzbecher benutzt, ist schon eine ganze Menge Wasser gespart. Und ihr könnt die Spartaste an der Toilettenspülung benutzen."
„Nicht so lange duschen, hilft sicher auch", überlegt Philip.
„Hui, da wirst du ja gar nicht sauber", kichert eine Stimme.
Katharina schaut sich um. Da sitzt doch tatsächlich der Umweltschreck!
„Klar werde ich sauber", sagt Philip entschlossen. „Einseifen, abduschen. Das reicht!"
Die Fee lacht: „Den Kindern kannst du nichts erzählen, Umweltschreck."
„Du Umweltschreck bist irgendwie kleiner geworden", stellt Katharina fest.
„Das ist deine Schuld, du blöde Fee", meckert der Umweltschreck.
„Lass doch die Kinder mit deinen Spartipps in Ruhe. Hui, jetzt hab ich aber Energiehunger!", und mit einem lauten Pfeifen ist er wieder verschwunden.
„Schnell, hinterher!", ruft Katharina.
„Am liebsten würde ich jetzt erst mal ein Eis in der Küche essen", meint Philip.
„Gutes Stichwort", sagt die kleine grüne Fee. „Da kann ich euch zeigen, was alleine dort an Energie verbraucht wird."

In der Küche zeigt die Fee auf den Herd, den Kühlschrank, die Mikrowelle, die Kaffeemaschine und den Wasserkocher.
In den Schränken liegen viele Küchengeräte mit einem Kabel.
„Ohne Energie funktioniert gar nichts in dieser Küche“, sagt sie.
„Egal ob die Energie aus Strom, Gas oder Öl kommt, sie wird immer teurer.“
Philip hat das Tiefkühlfach aufgemacht, steht vor der offenen Tür und überlegt.
„Ich könnte ein Schokoeis essen. Oder nehme ich Vanille? Aber Erdbeereis ist auch lecker.“
„Hui, ist das schön!“ Der Umweltschreck sitzt dick und zufrieden auf der Klappe vom Kühlfach und schaukelt. „Mmmm, die Kälte fließt aus dem Kühlschrank raus. Das verbraucht jede Menge Strom, hihi...“
Wütend saust die Fee herbei und schlägt die Klappe zu.
Der kleine Umweltschreck purzelt herunter und verschwindet mit einem beleidigten Zischen.
Philip schaut verdutzt. „Darf ich mir denn kein Eis nehmen?“
„Klar doch“, sagt Katharina. „Aber du sollst vorher überlegen, welches Eis du haben willst. Dann machst du nur ganz kurz die Klappe vom Kühlfach auf, nimmst das Eis und machst schnell wieder zu.“
„Eine sehr gute Idee!“, lobt die Fee.

Als Nächstes suchen sie im Wohnzimmer nach dem Umweltschreck.
„Sag mal, der Fernseher und der Computer funktionieren doch auch mit Strom?“, fragt Philip.
„Und wenn ich das Licht anmache, verbraucht das auch Energie“, überlegt Katharina.
Die kleine grüne Fee nickt.
„Was können wir Kinder denn tun, damit nicht so viel Energie verbraucht wird?“, will Katharina wissen.
Da hören sie ein leises Rülpsen.
„He! Der Umweltschreck versteckt sich hinter dem Fernseher. Was sucht er da? Der Fernseher ist doch aus!“, wundert sich Philip.
Der kleine Umweltschreck reibt sich den runden Bauch.
„Hihi! Es gibt Geräte, die verbrauchen Strom, ohne dass man es merkt, nur weil sie an der Steckdose hängen“, schwärmt er und verdreht verzückt die Augen.
„Das gibt's doch gar nicht!“, ruft Philip.
„Doch, das stimmt“, sagt die kleine grüne Fee. „Fernseher, Radio, Computer und Drucker verbrauchen oft Energie, ohne dass sie benutzt werden.“
„Wie merkt man das?“, fragt Philip.
„Diese Geräte sind wunderbar warm“, schwärmt der Umweltschreck.
„Ein Zeichen, dass hier Strom fließt“, erklärt die Fee. „Oder du erkennst die heimlichen Stromfresser daran, dass ein rotes Lämpchen glimmt.“
„Bei unserem Fernseher ist immer ein rotes Lämpchen an“, weiß Katharina.
„Richtig!“, sagt die Fee. „Dieses kleine Licht zeigt, dass der Fernseher jederzeit mit der Fernbedienung wieder eingeschaltet werden kann.“
„Dann schalte ich ihn jetzt aus!“, schlägt Katharina vor und drückt den Ausschalter.
„Pffft“, macht es da und der Umweltschreck schleicht zur Tür.
„Man kann all diese Geräte auch einfach an eine Steckdose mit Kippschalter anschließen. Ist der Schalter aus, sind alle Geräte garantiert aus“, sagt die kleine grüne Fee.

„Das Ladegerät von meinem ferngesteuerten Auto ist immer ganz warm“, überlegt Philip. „Ich gehe mal ins Kinderzimmer und nehme es aus der Steckdose.“
„Halt, nicht!“, ruft der Umweltschreck.
„Ich weiß noch einen einfachen Trick, um Energie zu sparen“, überlegt Katharina.
„Du meinst doch nicht etwa ... “, stammelt der Umweltschreck.
„Doch!“, sagt Katharina triumphierend. „Einfach das Licht und den Kassettenrekorder ausmachen, wenn ich längere Zeit nicht in meinem Zimmer bin.“
„Aber bitte nicht die Heizung!“, fleht der kleine Umweltschreck.
„Doch, im Winter drehe ich die Heizung runter, wenn ich in den Kindergarten gehe“, sagt Katharina. „Und ich mache immer die Tür zum Flur zu, damit die warme Luft im Zimmer bleibt!“
„Kindergarten. Gutes Stichwort“, überlegt Philip. „Kannst du morgen nicht mit in den Kindergarten kommen? Vielleicht fällt dir da noch etwas auf, was wir für unsere Umwelt tun können.“
„Ich komme gerne mit“, antwortet die kleine grüne Fee.

Am nächsten Morgen machen sich die Kinder für den Kindergarten fertig.
Katharina und Philip haben das Licht in ihren Zimmern ausgemacht,
die Heizung heruntergedreht und den Kassettenrekorder ausgeschaltet.
„Seid ihr fertig?“, fragt die Mutter etwas ungeduldig.
„Wir wollten nur sicher sein, dass wir keine Energie verschwenden“,
bemerkt Katharina.
Die Mutter schaut sie verwundert an.
„Können wir heute zu Fuß zum Kindergarten gehen?“, fragt Philip.
Die Mutter sieht sie fragend an. „Sonst wollt ihr doch immer so gerne
mit dem Auto gefahren werden.“
„Wir wollen doch Energie sparen“, erklärt Katharina.
„Das ist gut!“, freut sich die Mutter. „Benzin fürs Auto ist ja so teuer geworden.“

Im Kindergarten wollen die Kinder heute zusammen eine Höhle bauen. Sie lassen sich von Kirsten, der Erzieherin, Decken geben. Daraus wird das Höhlendach. Dann schieben sie das Spielsofa aus der Puppenecke vor die Heizung und klemmen damit die Decken fest.
„Guckt mal!“, sagt Katharina plötzlich. „Der kleine Umweltschreck sitzt da!“
„Kein Wunder“, erklärt die Fee, die durch das halb geöffnete Fenster hereinschwebt.
„Hier wird auch gerade eine Menge Energie verschwendet“, sagt sie. „Wenn es draußen kühl ist, sollte man lieber kurz, aber kräftig durchlüften. Solange das Fenster schräg gestellt ist, strömt viel Wärme von der Heizung direkt nach draußen.“
„Stimmt“, nickt Katharina. „Aber was sagst du zu unserer tollen Höhlenbude?“
„Die ist klasse!“, ruft der Umweltschreck dazwischen.
„Wenn er die Höhle klasse findet, ist irgendetwas nicht in Ordnung“, befürchtet Katharina.
Die Fee nickt und schwebt lächelnd in die Höhle. „Sehr schön ist es hier. Aber der Umweltschreck freut sich, weil ihr die Heizung zugestellt habt! So kann sich die Wärme nicht im Zimmer verteilen und man muss mehr heizen, um es warm zu haben. Besser ist es, wenn ihr Abstand von der Heizung haltet und die Decken an einem Stuhl festklemmt.“
„Ach so“, staunt Katharina. „Wir bauen gleich um.“
„Neiiiin!“, jammert der kleine Umweltschreck. „Gerade war es so gemütlich!“

„Warum ist Energie eigentlich so teuer?“, will Philip wissen.
„Zum Heizen braucht unsere Heizung Öl oder Gas. Oder Strom. Der wird meistens in Kraftwerken erzeugt. Auch dazu werden Kohle, Gas oder Öl benötigt“, erklärt Kirsten und schließt das Fenster.
„Diese Grundstoffe sind knapp und werden immer teurer. Deswegen wird alles, was damit gemacht wird, auch immer teurer“, fährt sie fort. „Ganz auf Strom verzichten können wir nicht. Aber je weniger Energie verbraucht wird, desto besser für die Haushaltskasse und für die Umwelt.“
Der Umweltschreck zieht beleidigt davon.
Kirsten zeigt nun den Kindern in einem Buch, wie in Millionen Jahren Kohle und Erdöl entstanden sind.
„Da lebten ja noch nicht einmal die Dinos!“, ruft Katharina verwundert.
„Ich wusste gar nicht, dass Kohle und Erdöl schon so alt sind.“
Kirsten nickt. „Kohle, Öl und Gas werden nicht für immer reichen. Und bisher wird nur wenig von der Energie, die wir brauchen, durch Windkraft, Wasserkraft und Sonnenkraft hergestellt. Deshalb ist es besonders wichtig, sparsam mit der Energie umzugehen.“

„Was können wir Kinder denn machen, damit nicht so viel Energie verbraucht wird?“, wollen nun alle Kinder wissen.
„Eine gute Frage“, überlegt Kirsten. „Können wir nicht ein Plakat malen?“, schlägt Katharina vor.
„Oh ja!“, ruft Philip. „Da kommt alles drauf, was wir tun können.“
Bald sitzen alle um den Basteltisch und machen Vorschläge, die Kirsten aufschreibt.
„Ihr habt heute eine Menge gute Ideen!“, freut sich Kirsten.
Die kleine grüne Fee sitzt hinter Katharina und klatscht leise in die Hände.
Der kleine, gemeine Umweltschreck ist gar nicht mehr zu sehen.
„Ist der Umweltschreck jetzt für immer weg?“, fragt Katharina die Fee ganz leise.
„Er kommt sicher irgendwann wieder. Da müssen wir immer aufpassen!“, antwortet die kleine grüne Fee.

# Was wir tun können, um Energie und Wasser zu sparen:

Wasser nicht verschwenden. Wasser nach dem Händewaschen abdrehen. Beim Zähneputzen nicht die ganze Zeit das Wasser laufen lassen. Becher benutzen!

Standby (das ist ständige Betriebsbereitschaft) vermeiden. Geräte richtig ausschalten, z. B. mit einer Steckerleiste mit Schalter. (Computer, Video, Aufladegeräte, Fernseher)

Heizkörper nicht zudecken und nicht zustellen, z. B. durch Gardinen, Sofa, Schreibtisch oder Ähnliches.

Richtiges Kurzlüften bei weit geöffnetem Fenster. Danach das Fenster schließen. Bei kühlem Wetter kein Fenster auf Kipp stellen. Kein Dauerlüften.

Nachts Vorhänge und Rollläden schließen, damit die Wärme im Zimmer bleibt.

Heizungen nachts herunterregeln. Ebenso während man in dem Kindergarten oder der Schule ist

Licht ausschalten, wenn man den Raum verlässt oder wenn es hell genug ist.

Zimmertüren bei kühlem Wetter hinter sich schließen. (Im Flur darf es ruhig etwas kühler sein als im Wohnzimmer.)

Kühlschranktür nur kurz öffnen. Also vor dem Öffnen überlegen, was man herausnehmen möchte. Kühlschrank aufräumen hilft dabei. Keine heißen Speisen in den Kühlschrank.

**SUSANNE SZESNY**

wurde 1965 in Dorsten geboren. Sie studierte Visuelle Kommunikation in Münster und hat unter anderem bereits viele Bücher für Kinder illustriert. Seit 1990 arbeitet sie als freiberufliche Illustratorin und lebt heute mit ihrem Mann und einem Sohn in Duisburg.

**BÄRBEL SPATHELF**

wurde 1957 in Villingen geboren. Nach dem Abschluss als Diplomkauffrau arbeitete sie einige Zeit für Werbeagenturen, bevor sie sich als Marketingberaterin selbstständig machte. Mit ihrem Mann und drei Kindern lebt sie in der Nähe von Frankfurt.

Originalausgabe, 2. Auflage
ISBN 978-3-86559-057-2


Neue Rechtschreibung
Mehr über unser Programm
finden Sie unter:

**www.albarello.de**

# Albarello - Für Kinder die schönsten Bücher.
# Weitere Bilderbuch-Hits

„DER TV-GUCKI"
oder Über den richtigen
Umgang mit Fernsehen und
Computerspielen
Bärbel Spathelf (Text)
Susanne Szesny (Illustration)
ab 3, 32 Seiten, 22,2 x 28,5 cm
Originalausgabe
ISBN: 978-3-86559-007-7

Philip schaut viel fern und spielt Computerspiele. Er ist gar nicht mehr so gut in Form wie früher, zieht sich von seinem Sportverein zurück und streitet sich mit seinen Freunden. Da erscheint eine Figur aus der Flimmerwelt hinter der Mattscheibe ganz lebendig auf seinem Schreibtisch: der TV-Gucki! Gucki tröstet Philip damit, dass er im Computerspiel der Beste ist und dass die Welt hinter der Mattscheibe ja viel schöner ist als das wirkliche Leben. Bald aber merkt Philip, dass TV-Gucki und seine Welt doch nicht so wichtig sind wie echte Freunde.
Zusammen mit seiner Mutter und seinen Schwestern wird nun ein Fernseh- und Computerplan entwickelt. Von nun an spielt Philip wieder jeden Tag häufig mit seinen Freunden.

„HEXE POLLONIA MACHT DAS RENNEN"
oder Manchmal ist Gewinnen
nicht das Wichtigste
Angelika Diem (Text)
Susanne Szesny (Illustration)
ab 3, 32 Seiten, 22,2 x 28,5 cm
Mit ausklappbaren Seiten
Originalausgabe
ISBN: 978-3-930299-55-3

Hexe Pollonia muss beim Hexenbesenrennen mit ihrem uralten Hexenbesen starten, während die anderen Hexen mit den verrücktesten Flugmaschinen an den Start gehen. Pollonia will unbedingt gewinnen und fängt an zu schummeln. Doch die Oberhexe hat die Rennstrecke so verzaubert, dass alle Schummelversuche fehlschlagen. Pollonia schummelt jedoch unbeirrt weiter. Plötzlich hört Pollonia Hilferufe und entdeckt die abgestürzte Hexe Hilda mit ihrem Hexenhund Pimpernello. Pollonia bricht ihr Rennen ab, um die zwei zu retten. Zusammen mit den beiden Geretteten erreicht sie das Ziel, allerdings als Letzte. Doch Pollonia bekommt den Ehrenpreis für Hilfsbereitschaft und faires Verhalten.

„DER FREUNDSCHAFTSSTEIN"
Christine Jüngling (Text)
Susanne Szesny (Illustration)
ab 3, 32 Seiten, 22,2 x 28,5 cm
Mit Anleitung, wie man
Freundschaftssteine gestalten
kann!
Originalausgabe
ISBN: 978-3-86559-020-6

Indianerkind Kleiner Adler findet eines Tages zusammen mit seinen Freunden einen tollen Stein. Doch gerade als er ihn aufhebt, fordert ein fremder Indianerjunge von einem anderen Stamm den Stein für sich. So kommt es zum Streit zwischen den beiden Indianergruppen und zu einer handfesten Auseinandersetzung. Bis Kleiner Adler eine gute Idee hat: Er schlägt vor, sich nicht zu schlagen, sondern in einem Wettkampf friedlich um den Stein zu kämpfen. Schließlich macht den verfeindeten Indianerkindern der sportliche Wettkampf so viel Spaß, dass sie sich miteinander anfreunden. Und der Stein wird so zum echten Freundschaftsstein, der nun die Freunde miteinander verbindet.

Ein Buch, das sich gegen Gewalt starkmacht und für ein friedliches Miteinander steht.

Weitere Bilderbuch-Hits unter:
www.albarello.de

# Albarello - Für Kinder die schönsten Bücher.
## Weitere Bilderbuch-Hits

„WENN DU DICH VERLAUFEN HAST"
oder Wie man mit dem Wiederfindebären wieder zurückfindet
Julia Volmert (Text),
Susanne Szesny (Illustration)
Originalausgabe
mit Wiederfindebär und Wiederfindezetteln!
ISBN 978-3-930299-73-7

Jonas geht mit seiner Mutter einkaufen. Da sieht Jonas einen anderen kleinen Jungen, mit dem er gerne spielen möchte, und rennt von der Mutter weg. Doch der andere Junge läuft fort und als Jonas sich umschaut, kann er seine Mutter nirgends entdecken. Er hat sich verlaufen! Jonas irrt nun durch die Straßen, bis er auf eine Kindergartengruppe stößt, die ihn mit in den Kindergarten nimmt. Dort zeigt ihm ein Mädchen eine tolle Idee: den Wiederfindebären! Der Wiederfindebär ist ein kleines Täschchen, in dem ein ausgefüllter Adresszettel steckt. Den kann man zeigen, wenn man sich verlaufen hat. Außerdem ist in dem Täschchen auch noch Platz für ein wenig Geld für alle Fälle. Als schließlich die Erzieherinnen Jonas' Mutter verständigt haben und diese kommt, um ihn abzuholen, zeigt Jonas seiner Mutter voller Stolz seinen Wiederfindebären und Wiederfindezettel, denn nun weiß er genau, was er machen muss, wenn er einmal verloren geht.

„NICHT FLUNKERN, KLEINER PRINZ!"
Julia Volmert (Text),
Susanne Szesny (Illustration)
Originalausgabe
mit Ritterwappen aus Holz!
ISBN 978-3-86559-048-0

Es ist ganz schön schwierig, immer die Wahrheit zu sagen. Prinz Florian allerdings macht sich gerne darüber lustig, wenn die Leute auf seine Streiche hereinfallen, und erfindet ständig neue Flunkergeschichten. Als er drei Räuber belauscht, die die Burg ausrauben wollen, will ihm deshalb keiner mehr glauben. Aber Florian hat nicht nur viel Fantasie für Flunkergeschichten, sondern auch eine Menge Ideen, wie er den Plan der Räuber verhindern kann.
So gelingt es ihm, den Räubern eine Falle zu stellen und sie schließlich zu verjagen. Am Ende sind seine Eltern und alle Burgbewohner froh, dass Prinz Florian die Burg mit viel Witz und Verstand gerettet hat. Und Florian hat gelernt, dass es besser ist, nicht zu flunkern, und bekommt schließlich das Ritterwappen von Burg Drachenstein.

Ein liebenswertes Bilderbuch, das von Prinzen, Räubern und der Wahrheit erzählt.

„IM KINDERGARTEN IST ES TOLL!"
Julia Volmert (Text),
Susanne Szesny (Illustration)
Originalausgabe
mit hochwertiger Kindergartentasche
ISBN 978-3-86559-052-7

Eigentlich möchte Jonathan zu Hause bleiben, aber seine Mama bringt ihn dennoch in den Kindergarten. Dort fällt ihm der Abschied von Mama ziemlich schwer, doch Erzieherin Bärbel zeigt ihm das tolle Baumhaus, in dem Jonathan spielen kann. Schnell findet er nun neue Freunde. Zusammen denken sie sich die abenteuerlichsten Spiele aus, sodass der Vormittag für Jonathan diesmal wie im Flug vergeht. Nun freut sich Jonathan schon richtig auf den nächsten Kindergartentag.
Wenn Kinder in den Kindergarten kommen, beginnt für sie ein neuer Lebensabschnitt. Sie lernen, sich für einige Zeit aus dem geschützten, bekannten Zuhause zu begeben. Das fällt manchmal schwer, so wie auch die Trennung von den Eltern. Aber es bietet die Gelegenheit, mit Gleichaltrigen zu spielen, Freundschaften zu schließen, neues Spielzeug, Spiele und Lieder kennenzulernen, sich mit neuen Regeln vertraut zu machen. Ein wichtiger Schritt im Leben eines jeden Kindes, den dieses Bilderbuch einfühlsam begleitet.

## Weitere Bilderbuch-Hits unter:
## www.albarello.de